L'OUVRIER

CAPITALISTE

L'union fait la force,
La majorité fait loi.

PAR

C. TOLLAY.

PRIX : 30 CENTIMES.

PARIS

P.-H. KRABBE, LIBRAIRE-ÉDITEUR

RUE DE SAVOIE, 12,

Et chez tous les Marchands de nouveautés.

1848

AUX OUVRIERS

Vous ne pouvez rien sans le CAPITAL.
Vous n'aurez jamais de capital sans ÉCONOMIES.
Vous n'économiserez jamais SEULS.
Vous pouvez tout ENSEMBLE, tout avec L'ASSOCIATION.

Avec l'ASSOCIATION, vous trouverez en vous-mêmes le CAPITAL qui fournit, l'intelligence qui dirige, la main qui façonne et le bénéfice pour vous-mêmes du capital, de l'intelligence et de la façon ou le produit réel de votre travail.

ESSAI

SUR LES

ASSOCIATIONS OUVRIÈRES

Le 12 mars dernier, j'écrivis la lettre suivante à M. Louis Blanc :

« Concitoyen,

« Vous voulez améliorer le sort de l'ouvrier, vous avez raison. Votre intention est bonne, votre pensée est généreuse.

« Mais prenez garde : une erreur a ses conséquences, un mauvais moyen peut tout compromettre.

« En voulant le bien, vous faites le mal; en voulant améliorer, vous causez la ruine : vous commencez enfin par où vous auriez dû finir.

« Vous commencez par anéantir le contrat d'union qui liait l'ouvrier au fabricant, par briser leur solidarité ; mais c'est anéantir le moyen producteur, c'est briser la machine qui produit.

1 *

« Oui, prenez-garde, la liberté du travail, c'est la clé de voûte de l'édifice social ; la liberté du travail, c'est l'exécution, c'est la mise en pratique de la liberté, de la pensée.

« Restreindre la liberté du travail c'est compromettre tous les intérêts industriels ; c'est reculer devant la concurrence étrangère ; c'est renoncer à la lutte de l'invention ; c'est arrêter dans son essor le génie producteur ; c'est condamner l'homme à l'impuissance.

« Oui, votre intention est bonne ; mais allez à pas comptés, car, dans votre marche, vous pouvez vous arrêter, mais vous ne pouvez faire un pas en arrière. L'ouvrier vous écoute, il compte sur votre parole : lui promettre, c'est tenir. Ne lui promettez donc jamais que ce que vous serez certain de pouvoir lui donner.

« Votre responsabilité est grande, votre tâche est immense, votre but, l'atteindrez-vous par le moyen que vous croyez ?

« Une seule observation :

« Vos idées sont larges, mais votre imagination, féconde en théories, s'est-elle jamais exercée dans l'alignement, dans le résultat sévère des chiffres ?

« Dans votre appréciation de la durée, du prix de la journée de l'ouvrier, avez-vous tenu compte du chiffre qu'il pouvait produire, du prix de la matière première, du prix de l'objet fabriqué, du prix qu'il devra se vendre en France ou à l'Étranger ?

« Avez-vous enfin oublié cette loi immuable, qu'il n'y a pas de fabrication sans vente, et que la vente, c'est la condition du mieux fait et du meilleur marché ?

« Régler ainsi, d'une manière absolue, la durée et le prix de la journée de l'ouvrier, c'est fixer d'avance le prix de revient de la marchandise fabriquée.

« C'est renchérir la marchandise :

« Renchérir la marchandise, c'est arrêter l'exportation, c'est arrêter la fabrication, c'est fermer les ateliers, c'est dire à l'ouvrier dans deux mois, dans trois mois : Je ne peux vous tenir ce que je vous avais promis.

« Passez donc de la théorie à la pratique : descendez dans l'atelier. Voyez par vous-même, et vous reconnaîtrez bientôt qu'avant tout, le principe de la liberté, c'est la liberté du travail.

« Pour mon compte, je crois que le moyen le plus sûr pour améliorer le sort de l'ouvrier, c'est :

« De lui faciliter les moyens d'instruction, de développer chez lui les idées d'ordre, d'économie, de calcul d'association mutuelle.

« Au moyen de retenues minimes faites sur le produit de la journée, les ouvriers peuvent organiser des caisses de secours, de retraite, d'amortissement et d'association, pour fonder eux-mêmes plus tard des ateliers de fabrication.

« L'ouvrier vous doit beaucoup, mais sa reconnaissance se changerait en reproches amers, le jour où il s'apercevrait trop tard qu'il a perdu ses moyens d'existence, en perdant la liberté du travail.

« Conclusion.

« L'existence de l'ouvrier, c'est le crédit, la prospérité du fabricant. Le crédit et la prospérité du fabricant sont dans l'ordre, la tranquillité, la paix et la consommation.

« Rien de tout cela sans la liberté du travail.

« Que mon observation seconde vos généreux efforts.

« Salut et fraternité !

Tollay.

Cette lettre ainsi que deux autres que j'écrivis à MM. Garnier-Pagès et Ledru-Rollin sur la question financière et sur les élections, auront probablement été confondues avec beaucoup d'autres dans les papiers inutiles et cependant chacune d'elles signalait des erreurs que la France devait chèrement expier plus tard.

En ne craignant pas alors de formuler une opinion si opposée à celle de ces Messieurs, j'avais le double but de combattre une manière de faire qui me paraissait compromettante pour l'intérêt général, pour la République elle-même et de donner une date certaine à une conviction que l'avenir devait condamner ou justifier.

Les événements ont trop bien justifié cette conviction pour que je ne puisse y ajouter celle-ci :

Qu'il faut toujours oser dire ce que l'on pense pour le bien.

Que l'on juge aussi bien, et souvent mieux, les choses de loin que de près, d'en-bas que d'en-haut.

Que l'amour-propre de l'homme le conduit trop souvent à rejeter une idée qui n'est pas sienne et que l'homme d'État en particulier devrait réserver un meilleur accueil à certains conseils désintéressés, n'importe d'où ils viennent.

C'est avec cette conviction que je me suis décidé à publier cette brochure, qui n'est que le développement de ma lettre du 12 mars à M. Louis Blanc.

PREMIÈRE PARTIE.

Des associations ouvrières en général envisagées sous le point de vue social et sous le point de vue politique.

SOUS LE POINT DE VUE SOCIAL :

La question sociale peut se formuler ainsi :

Quel est le plus grand commun diviseur du bien-être social ? ou quel est le moyen de répartir entre le plus grand nombre possible d'individus une part quelconque du bien-être social ?

Les doctrines qui se disputent la solution de ce grand problème ont toutes adopté une formule en partant d'un principe quelconque.

Les unes procèdent par inconnu, mais, franches dans leur allure, en bouleversant le vieil édifice social, veulent créer sur ses ruines un monde nouveau et proclament le *partage égal de la propriété, l'abolition de l'hérédité : C'est le communisme*, ou l'abolition de la propriété et de la famille ; une journée sans lendemain.

Les autres, basées sur des sophismes de diverses écoles socialistes, tout aussi subversives, mais plus transitoires, plus vagues, d'un sens moins explicite, mais par cela même plus dangereuses, parce qu'elles ont un but moins apparent, s'enveloppent de ces formules captieuses : *organisation du travail, égalité du salaire, réduction des heures du travail, plus de concurrence, plus d'exploitation de l'homme par l'homme, plus de priviléges, plus de distinctions*. C'est la même fin que le communisme, mais par des moyens plus lents ; c'est la mort après une longue maladie, une douloureuse agonie. C'est d'abord l'anéantissement de l'industrie et du commerce, l'engourdissement, le dépérissement de la société, l'épuisement de l'État tout entier, le paupérisme et l'esclavage tout à la fois.

D'autres, au contraire, procédant par expérience et s'appuyant sur les bases du vieil édifice social se formulent ainsi : *Droits de la famille et de la propriété, liberté du travail, progrès, émulation, encouragement, distinctions, honneurs et récompenses nationales, décernés à toutes les supériorités et repartition légale, progressive et la plus large possible du bien-être social par le développement des institutions démocratiques, des idées religieuses, de l'instruction et le concours des associations ouvrières régulièrement constituées, les caisses d'association, d'assurances mutuelles, de secours et de retraite.*

C'est seulement dans ces principes fondamentaux de la société que, selon moi, les associations ouvrières peuvent trouver une organisation sérieuse, des chances de durée, de développement et de prospérité.

Basées sur ces principes, les associations ouvrières deviennent un instrument conservateur de la propriété, un moyen de moralisation, un mobile d'émulation, un moyen d'améliorer le sort des travailleurs par un partage plus équitable des bénéfices industriels.

L'association ouvrière ainsi résolue, c'est, à mon avis, la solution de la question sociale ; c'est le tribunal de justice distribuant à chacun selon son mérite le produit de son travail et de son intelligence, mais vouloir abolir l'exploitation de l'homme par l'homme par l'égalité du salaire, c'est anéantir d'un coup toutes les facultés puissantes, toutes les idées généreuses de l'ouvrier pour lui donner l'indifférence, la paresse, la dégradation, l'asservissement ; c'est enfin renverser toutes les lois de la nature et de la morale.

L'association ouvrière est devenue une nécessité. Le bien-être est le point autour duquel gravitent toutes les classes de la société.

Rien ne peut empêcher le développement des populations sans les fléaux de la peste ou de la guerre. Rien ne peut empêcher l'invention, ni la concurrence qui sont le génie et la liberté des peuples, la cause de leur activité et de leur émulation.

L'association pour la classe ouvrière est devenue une nécessité comme un contre-poids dans une balance pour obtenir un équilibre, une garantie contre l'absorption dont elle est menacée par la multiplicité des moyens mécaniques, la concurrence étrangère et par la réduction du salaire.

L'ouvrier individuellement, sans ressources, ni moyens en commençant, sans espoir d'une fin meilleure, ne peut, le plus souvent, que satisfaire ses appétits du jour ; il s'associe alors plus volontiers aux idées subversives qui lui promettent une position meilleure.

Encouragé au contraire par le moyen d'acquérir, retenu par l'instinct de la conservation, il deviendrait lui-même un appui, un défenseur de la propriété et de l'ordre : en veillant à sa conservation personnelle, il sauvegarderait celle du gouvernement, du crédit public et de la société tout entière.

SOUS EE POINT DE VUE POLITIQUE

Quelle est la forme de gouvernement qui se prête le mieux au développement des associations ouvrières. — Leur influence politique. — Leurs rapports avec l'État.

Après la révolution de 1830, avec un gouvernement constitutionnel, avec un roi élu et proclamé par le vœu populaire ;

En 1842, après douze années d'expérience, avec un gouvernement fort, appuyé sur une majorité imposante, une politique de conservation et de paix éprouvée ,

La France remise de l'émotion, de la commotion de sa dernière révolution, voyait son crédit, son commerce, son industrie en pleine prospérité ; tout avait marché avec le temps : population, idées, instruction. Le gouvernement seul, engourdi dans la sécurité de son existence, abusant des fictions d'une monarchie constitutionnelle, fortifié dans sa légalité, était resté stationnaire. Au lieu de développer les institutions démocratiques qui devaient s'harmoniser avec l'émancipation progressive du peuple, au lieu d'encourager les associations ouvrières qui étaient un moyen de répartition plus large du bien-être acquis, il avait préparé, formulé d'avance un refus motivé conviant au bénéfice de la position quelques privilégiés seulement, qui, d'un commun accord, devaient puiser à pleines mains à la source du crédit public qu'ils devaient bientôt épuiser eux-mêmes.

C'est ainsi que la monarchie de 1830, reniant son origine, préférant une sympathie de famille, une côterie de parti à une sympathie populaire, créait cette aristocratie, cette féodalité financière, qu'elle appelait à son aide les jours d'épreuve.

C'est ainsi que rompant son traité d'alliance avec la révolution qui l'avait créée, la monarchie de 1830 cherchait à se légitimer, à s'excuser auprès des puissances étrangères, en se retrempant dans la politique des gouvernements absolus des puissances du Nord.

Ayant laissé échapper de ses mains le gouvernail, *l'initiative des réformes*, le gouvernement déchu opposa une résistance opiniâtre et coupable, jusqu'au jour où poussé, entraîné par le flot populaire, il est venu se briser contre l'écueil qu'il n'avait point su éviter.

Si les monarchies appelées à gouverner les peuples se fussent préoccupées de leurs besoins plutôt que du prestige et des prérogatives de la royauté, elles n'eussent point donné raison si souvent à leurs ennemis politiques, aux républicains qui considèrent la monarchie comme une machine à recul, incompatible avec le développement des institutions démocratiques. Le prestige de la monarchie n'est rien si la monarchie elle-même ne s'appuie sur les masses, sur le peuple tout entier. C'est un général avec un brillant état-major, mais sans armée.

On peut donc conclure que si la monarchie n'avait point voulu confisquer à son profit et au profit de ses affidés, le bien-être produit par la marche progressive du crédit public et de la civilisation, elle n'eût point été entraînée, bouleversée et foulée aux pieds par les cohortes de la révolution de février. Oui, elle existerait encore, si au lieu de s'opposer comme une barrière, un obstacle au progrès social, elle eût fait ce que tout gouvernement doit faire, elle eût su, dis-je, en sentinelle avancée et vigilante, signaler le progrès, en diriger et modérer elle-même la marche, puis se plier, se soumettre à toutes les modifications, à toutes les réformes qui en découlent.

Les associations ouvrières conduites à bonne fin doivent opérer leur fusion avec certaines classes de la société d'un ordre qui leur était supérieur. C'est ce déclassement, cette fusion qui rencontre un obstacle naturel dans le gouvernement monarchique, parce que celui-ci, par sa nature, tend toujours à restreindre le pouvoir politique dans le cercle d'une aristocratie nobiliaire ou financière. La preuve de ce fait est toute récente dans le refus du dernier gouvernement à accorder les réformes parlementaire et électorale qui devaient produire une représentation plus équitable des diverses classes de la société dans l'Assemblée nationale, afin que celle-ci fût une expression plus juste des vœux et des besoins du pays.

De là cette difficulté, cette résistance du gouvernement monarchique à se prêter au développement des associations ouvrières.

Les associations ouvrières par cette raison et par leurs conséquences politiques et sociales s'allient donc mieux au gouvernement républicain. Appelées par le suffrage universel à élire leurs gouvernants, elles ont une affinité, une alliance toute naturelle avec eux et trouvent en eux des interprêtes plus consciencieux de leurs besoins.

Pour le gouvernement lui-même, au point de vue d'économie politique, les associations ouvrières étant un moyen de moralisation, de propagande du principe de la propriété, et de la conservation, il a tout intérêt à leur donner son concours ; c'est vivifier le principe de son existence.

Si d'un côté les associations ouvrières ont un but réel de bien-être social, elles pourraient aussi, dans certains cas, étant mal dirigées, avoir un but ou un effet subversif de l'ordre social en s'alliant à des complots politiques qui les dénatureraient ; aussi doivent-elles toujours être en rapport de conformité avec les lois établies et soumises à la surveillance des agents du gouvernement.

L'État ne peut et ne doit intervenir dans les associations ouvrières que comme bon père de famille, à titre de fondateur, en facilitant leur développement par l'instruction populaire, par des primes d'encouragement et par des travaux d'utilité publique qu'il adjuge suivant les ressources de l'État et non par obligation aux termes de la formule du droit au travail. Il ne doit, en aucun cas, intervenir comme commanditaire. C'est dans leur travail, c'est dans la caisse de l'association générale que les associations doivent trouver le capital nécessaire à leur entreprise, dont elles doivent toujours être responsables à peine de constituer elles-mêmes, aux dépens de l'industrie particulière, une aristocratie ouvrière et privilégiée en complet désaccord avec la liberté du travail.

DEUXIÈME PARTIE.

De l'organisation des associations ouvrières. — Formation
du corps d'état. — Sa constitution. — Conclusion.

—

L'Association ouvrière, ç'est la réunion, le concours à divers degrés de la force physique, de l'intelligence, du savoir et de l'expérience d'un certain nombre d'ouvriers pour l'exécution, pour la fabrication d'un objet quelconque.

Le produit d'association, c'est la répartition d'un bénéfice ou d'une perte entre tous les membres de l'association au prorata de leur mise sociale ou de leur apport individuel en force physique, en intelligence, en savoir ou expérience.

Tous les ouvriers, tous les corps d'état ne sont pas prêts pour l'association; il faudra un certain temps pour préparer l'esprit et les moyens d'association; il faut donc marcher avec prudence, à pas comptés, afin de ne pas compromettre l'avenir pour vouloir réaliser trop vite un bienfait que le temps seul et l'expérience peuvent amener.

Un certain nombre d'ouvriers seulement étant capables, dans quelques corps d'état, de former et de diriger une association, c'est à ce corps choisi qu'il faut confier naturellement les premiers essais. De là la définition de la garantie de capacité, d'instruction et de moralité à exiger pour tout *membre dirigeant* d'une association.

L'objet de l'association devant entraîner avec lui des risques, des chances plus ou moins appréciables, il faut déterminer d'avance les espèces, les degrés d'association que le corps d'état pourra entreprendre au fur et à mesure du développement des associations.

· Tout d'abord, les associations, selon moi, ne devront se former que pour un objet déterminé, un ouvrage à façon, une fourniture sur commande à livraison fixe. C'est sur ces opérations simples, offrant peu ou pas de mauvaises chances, que doivent se tenter, se développer les moyens d'association.

Outre l'expérience à acquérir, les associations ouvrières ont une concurrence redoutable à soutenir, celle des établissements privés jouissant depuis longtemps d'un grand crédit, ayant à leur disposition un capital, des ateliers, une clientelle formés. Cette concurrence ne peut être combattue qu'avec des armes parfaitement légales, au nom de la liberté du travail, par le mieux fait, le meilleur marché ; en aucun cas par des grèves injustes et combinées qui puissent engendrer des scissions, des divisions et des haines dans la grande famille.

Dans une entreprise quelconque, il faut s'assurer d'abord les moyens nécessaires pour la mener à bien. Il faut trouver le capital qui fournit l'atelier, la matière première et les outils, l'intelligence et la main qui les dirigent et les emploient, puis composer un centre, une unité d'action qui soit une volonté, un ordre d'obéissance, une transmission de force pour tous les accessoires qui concourent à l'œuvre commune.

L'association ouvrière ne peut se former qu'entre membres reconnus exerçant la même profession, le même état. C'est dans un corps d'état organisé, réglementé, que l'on peut trouver les éléments, les conditions possibles d'association et de garantie.

DU CORPS D'ÉTAT.

Tous les ouvriers d'un même état peuvent, si bon leur semble, former entre eux une association générale de solidarité fraternelle, qui sera déterminée et réglée par une constitution appelée *constitution du corps d'état.*

Ils délégueront un certain nombre d'entre eux, pris parmi les plus capables qui seront chargés de rédiger la constitution. Ces délégués prendront le titre de *délégués de la constitution..*

DE LA CONSTITUTION.

PROJET DE CONSTITUTION D'UN CORPS D'ÉTAT.

Au nom de la Fraternité et du principe d'assistance mutelle que se doivent les hommes entre eux, (Aidez-vous les uns les autres) les ouvriers........., réunis en corps d'état, ont formé entre eux une association générale dont les bases et conditions sont déterminées par la présente constitution.

Pour la bonne direction de l'association, et à titre de justice, de reconnaissance et de noble émulation, ils ont proclamé dans leur association l'hiérarchie suivante :

1° Président du corps d'état, qui, de droit, est président du conseil d'administration ;

2° Vice-président du conseil d'administration ;

3° Conseiller d'administration ;

4° Délégué de la constitution ;

5° Associé directeur ;

6° Simple membre d'association.

ARTICLE PREMIER.

La constitution est obligatoire pour tous les membres du corps d'état qui sont entrés librement dans l'association.

ARTICLE 2.

Tout membre peut librement se retirer de l'association, mais il perd, en se retirant, tous ses droits d'association sans pouvoir exiger une restitution quelconque de ses retenues.

ARTICLE 3.

Tout membre de l'association, condamné à une peine afflictive ou infamante, cesse de faire partie de l'association et perd tous ses droits d'association.

ARTICLE 4.

Les modifications à introduire dans la constitution devront être proposées par le conseil d'administration ; elles ne pourront être consenties que par le même nombre de délégués qui auront concouru à la rédaction de la constitution. Ces délégués ne pourront être choisis dans le sein du conseil d'administration.

ARTICLE 5.

Il y aura, le deuxième dimanche de chaque mois, une assemblée des délégués pour entendre le rapport du conseil d'administration sur les opérations du mois dernier et sur la situation de l'association.

ARTICLE 6.

Il y aura, chaque année le jour de la fête du

patron choisi par l'association, une assemblée générale de tous les membres de l'association dans laquelle le conseil d'administration, avec l'assistance des délégués, rendra un compte détaillé de toutes les opérations de l'association pendant la dernière année écoulée avec l'état de situation ou le bilan général. Il donnera connaissance à l'assemblée de toutes les propositions de modifications et d'améliorations à introduire dans l'association qui devront être soumises à l'examen des délégués. Le procès-verbal de la séance ainsi que le rapport détaillé de la position de l'association seront imprimés et distribués à tous les membres de l'association. Il sera procédé dans la même séance à la réélection des délégués de la constitution. Les anciens membres pourront être réélus.

Après avoir proclamé les noms des délégués nouvellement élus, le président proclamera les noms des membres de l'association admis au droit de retraite.

ARTICLE 7.

L'association, en se conformant à toutes les lois de l'État, à tous les réglements de police et d'administration, a pour but le développement du bien-être physique et moral du corps d'état.

ARTICLE 8.

Du conseil d'administration.

L'association est dirigée par un conseil d'administration.

ARTICLE 9.

Le conseil d'administration est composé de : un président, un vice-président et de   (nombre impair) membres ou conseillers d'administration.

ARTICLE 10.

Les membres du conseil d'administration ne peuvent être choisis que parmi les membres de l'association ayant brevet d'*associés-directeurs*.

ARTICLE 11.

Le conseil d'administration est nommé par les délégués de la constitution réunis en assemblée à cet effet.

ARTICLE 12.

Le traitement annuel des membres du conseil d'administration est fixé de la manière suivante :

Pour le président. . . . .
Pour le vice-président. . . . .
Pour un conseiller administrateur.

ARTICLE 13.

Le conseil d'administration est renouvelé tous les ans par tiers par la voie du sort. Les membres sortants peuvent être réélus. Le président et le vice-président sont soumis tous les ans à la réélection.

ARTICLE 14.

Le conseil d'administration décide et juge à la majorité des voix.

ARTICLE 15.

Le conseil d'administration, en bon père de famille, formule, change ou modifie suivant les circonstances, le réglement d'atelier, uniforme et obligatoire pour toute la corporation ; il dirige les opérations des caisses d'association, de secours et de retraite, et toutes celles déterminées par la constitution. Il est en toutes circonstances l'interprète et le défenseur naturel des intérêts de l'association générale.

ARTICLE 16.

Le conseil d'administration constitué en *jury d'examen* accueille ou repousse les demandes d'admission comme *simple membre de l'association* et comme *associé-directeur*. Tout cas de rejet sera motivé.

ARTICLE 17.

Le jury d'examen déterminera lui-même les conditions de capacité obligatoires pour obtenir *un brevet d'associé-directeur*. Les conditions essentielles devront être :

Le livret de simple membre de l'association.

Les quatre règles de l'arithmétique.

Les connaissances particulières de l'état en théorie et pratique.

Le versement régulier constaté sur le livret de toutes les retenues qui ont dû être faites au membre de l'association conformément aux articles 22 et 23.

ARTICLE 18.

Conditions d'admission dans l'association.

Pour être admis membre de l'association générale des ouvriers. . . . . il faut être âgé de   ans accomplis, avoir fait son apprentissage et être présenté par deux parrains, membres de l'association.

ARTICLE 19.

L'admission du nouveau membre prononcée par le conseil d'administration est constatée par un acte d'admission transcrit sur un registre spécial numéroté et folioté. L'acte d'admission contiendra, entre autres choses, les nom, prénoms, âge et domicile du nouveau membre, son consentement à se soumettre aux conditions de la constitution de l'association. Il sera daté et signé par le membre admis, les deux parrains et un membre du conseil d'administration.

Au folio d'admission, il sera ménagé un blanc qui devra être rempli plus tard par les actes d'admission du nouveau membre aux divers grades de la hiérarchie de l'association et sa retraite de l'association.

ARTICLE 20.

Il sera ouvert à chaque nouveau membre un compte courant sur le grand-livre d'association destiné à enregistrer toutes les retenues qu'il aura versées à la caisse d'association.

ARTICLE 21.

Des livrets, des cartes distinctives de la hiérarchie de l'association et de la médaille du président.

Il y a deux espèces de livrets de différentes couleurs:
Livret de membre d'association;
Livret d'associé-directeur.

Les livrets sont disposés de manière à pouvoir enregistrer d'un côté, l'entrée et la sortie du membre de l'association dans chaque atelier où il travaillera, et de l'autre côté les retenues qui lui auront été faites et qui auront été versées à la caisse d'association.

Les livrets sont obligatoires comme servant de

titre au membre de l'association et de contrôle à l'administration de l'association sur l'emploi du temps et des retenues du titulaire.

Il sera en outre délivré une carte distinctive aux délégués de la constitution et aux conseillers d'administration.

Le président sera de droit détenteur de la médaille de l'association. Cette médaille réprésentera les attributs du corps d'état et l'année de fondation de l'association.

ARTICLE 22.
Fonds de retenues.

Tout membre de l'association consent, au profit de la caisse générale de l'association, une retenue de cinq pour cent (ou 05 cent. sur 1 fr.) sur le salaire de sa journée ou sur le prix des ouvrages qu'il aura exécutés à façon, autrement dit aux pièces.

Et de dix pour cent sur les bénéfices lui revenant dans la liquidation de chaque association dont il aura fait partie.

ARTICLE 23.

Le patron ou l'associé directeur d'un atelier fera lui-même les retenues fixées par l'article qui précède et les paiera à l'ouvrier en un bon payable à vue qui devra être acquitté et encaissé par la caisse générale de l'association.

Dans les grands ateliers, pour éviter la perte de temps, ces retenues pourront être encaissées sur état nominatif.

ARTICLE 24.
Répartition des fonds de reténue.

Les fonds provenant des retenues sont répartis de la manière suivante :

Moitié pour la *caisse d'association ;*

Trois huitièmes pour la *caisse de retraite ;*

Un huitième pour la *caisse de secours.*

ARTICLE 25.

Le capital pour la caisse d'association est fixé à la somme de.....

Le capital pour la caisse de secours à la somme de......

Celui de la caisse de retraite est illimité.

Lorsque les caisses d'association et de secours auront atteint leur capital déterminé, les fonds qui seront versés à la caisse générale seront appliqués à la caisse de retraite.

ARTICLE 26.

Les fonds de chaque caisse seront employés de la manière suivante :

Ceux des caisses d'association et de secours devront être versés en compte à la banque de France afin d'être toujours disponibles.

Ceux de la caisse de retraite seront employés au fur et à mesure de leur entrée en rente, cinq pour cent, sur l'État.

ARTICLE 27.

Caisse d'association.

La caisse d'association reçoit le capital social destiné aux *associations entre ouvriers seulement.* Son capital est fixé à la somme de

y compris la somme de

formant le fonds de réserve.

L'emploi de ce capital sera fait par le conseil d'administration, soit en créant un ou plusieurs ateliers qui seront la propriété de l'association générale, soit en prêtant à des associations partielles entre ouvriers membres de l'association, le capital nécessaire à leur association à des conditions déterminées.

ARTICLE 28.

Caisse de Secours.

La caisse de secours reçoit les fonds destinés aux ouvriers blessés pendant leur travail, à leurs veuves ou à leurs enfants, à des indemnités de route ou autres que le conseil d'administration jugera à propos d'accorder sur demande motivée.

Les secours ne peuvent être que temporaires.

ARTICLE 29.

Caisse de Retraite.

La caisse de retraite reçoit les fonds destinés à constituer le capital des rentes viagères à inscrire au profit des membres de l'association admis au droit de retraite.

Afin d'éviter toute recherche d'inscription après le décès du titulaire, les frais de transfert et de certificat de vie, les inscriptions resteront déposées dans la caisse de l'association au nom de l'association.

Il sera délivré au membre retraité par le conseil d'administration, au nom de l'association, *un certificat de retraite* énonçant le nom du titulaire, le montant de la retraite, les conditions d'extinction de la retraite et les époques de paiement tous les mois, tous les trois ou six mois au choix du titulaire. Le titulaire devra se présenter lui-même à la caisse pour recevoir ses termes échus ; en cas d'impossibilité, sa quittance sera signée par deux membres de l'association qui certifieront son existence.

ARTICLE 30.

Du droit de Retraite.

Pour obtenir un *certificat de retraite*, il faut :
être âgé au moins de
avoir fait partie de l'association au mois pendant...
et avoir versé un total de retenue au moins de...

ARTICLE 31.

Jusqu'à ce que l'association ait atteint le nombre d'années d'existence suffisant pour rendre applicables les conditions exprimées ci-dessus, les certificats de retraite pourront être délivrés à la seule condition de l'âge aux membres de l'association, qui auront été jugés les plus méritants.

ARTICLE 32.

La liste en sera dressée et proposée par les délégués de la Constitution au conseil d'administration dans l'avant-dernière assemblée mensuelle qui précédera la grande assemblée annuelle.

ARTICLE 33.

Le nombre des certificats de retraite à délivrer pour l'année sera déterminé par le conseil d'administration, qui en donnera avis en temps utile aux délégués de la Constitution.

ARTICLE 34.

Les retraites ne seront pas moindres de *deux cents francs* ; elles pourront être fixées à un chiffre plus élevé, suivant le développement de prospérité de l'association. Néanmoins, ce chiffre ne pourra être augmenté tant que le nombre de demandes de retraites excédera le nombre de la disponibilité annuelle.

L'association a pour but la plus grande répartition possible de soulagement. (Sous ce rapport la somme de 200 francs représente un intérêt de vingt pour cent calculé sur une moyenne de retenue de 2 francs par jour pendant trente années de travail.)

ARTICLE 35.

Dans le cas où le nombre des demandes de retraites excéderait celui déterminé par le conseil d'administration, la préférence sera donnée aux plus âgés qui auront versé le plus de retenues.

ARTICLE 36.

Toute demande et obtention de retraite entraîne avec elle la renonciation du membre admis à la retraite, à ses droits d'associé-directeur énoncés à l'article 10.

Il ne fait plus partie de l'association que comme *membre retraité.*

ARTICLE 37.

Tout membre admis à la retraite peut être nommé *délégué de la Constitution.*

ARTICLE 38.

La retraite peut être reversible en totalité ou en partie sur la tête de la veuve.

ARTICLE 39.

Des Associations partielles.

Les membres de l'association générale du corps d'état sont libres de former entre eux avec leurs capitaux personnels toute association particulière qu'ils jugeront convenable, soit entre ouvriers seulement, soit entre patrons et ouvriers et ce aux conditions qu'ils détermineront sans être assujettis à d'autres formalités envers l'association générale qu'aux versements des retenues fixées par les articles 22 et 23 et à l'observation du réglement d'atelier formulé par l'article 15.

ARTICLE 40.

Toutes les associations formées avec le concours des capitaux de la caisse d'association générale seront soumises aux conditions exigées par les articles 42 et 43.

ARTICLE 41.

Degrés des Associations.

Les associations peuvent être simples ou composées suivant l'importance des capitaux, les conditions et les risques d'exécution. Elles peuvent se diviser en quatre catégories, savoir :

1° *Associations simples* ayant pour but seulement la façon d'un ouvrage simple du corps d'état, sur commande, à prix fixe et à livraison déterminée avec ou sans cautionnement.

2° *Associations simples* ayant pour but la livraison sur commande, à prix fixe, à époque déterminée, avec cautionnement, d'un ouvrage simple du corps d'état, en fournissant la matière première et tous les accessoires nécessaires à l'exécution de l'ouvrage commandé.

3° *Associations composées* ayant pour but, aux mêmes conditions que celles des associations simples, de fournir un objet entier dont l'exécution nécessite l'assemblage des produits de diverses industries avec celle du corps d'état.

4° *Associations composées* ayant pour but la fabrication et la vente aux risques et périls de l'association des produits du corps d'état.

Formation des Associations.

Toutes les associations formées par les membres de l'association avec *le concours des capitaux de la caisse de l'association générale*, devront être autorisées par le conseil d'administration.

Elles ne pourront être dirigées que par un ou plusieurs *associés-directeurs* en nombre impair, décidant à la majorité.

Elles seront soumises à l'inspection du conseil d'administration qui veillera à l'exécution des conditions particulières stipulées pour le capital fourni et à l'observation de toutes les obligations imposées par la constitution, notamment pour les retenues et le réglement d'atelier.

Le prix de la journée de *l'associé-directeur* devra être déterminé par l'acte d'association et inscrit en tête du tableau du réglement de l'atelier, qui énoncera, entre autres choses, les conditions et le prix du travail de chaque associé à la journée ou aux pièces.

Liquidation des Associations.

Lors de la liquidation de l'association, les associés-directeurs convoqueront tous les membres qui auront contribué à l'association, à une réunion qui sera présidée par un membre du conseil d'administration ; ils rendront un compte détaillé du produit de l'association, liront l'acte de liquidation et de dissolution de l'association, et procéderont immédiatement, s'il y a lieu, à la répartition des bénéfices de l'association de la manière suivante :

Après le remboursement à la caisse générale d'association des avances qu'elle aura faites à l'association partielle.

Il sera prélevé d'abord, sur les bénéfices nets, une prime de   pour cent, au profit de la dite caisse d'association générale.

Il sera prélevé ensuite une prime de pour cent au profit des associés-directeurs.

Le surplus sera partagé entre tous les membres de l'association au prorata du total en somme des journées, ou des façons fournies par chaque associé.

La perte d'une partie ou de la totalité des sommes avancées par la caisse générale d'association sera supportée par l'association générale sans aucun recours contre les membres de l'association partielle.

Dans ce cas, le conseil d'administration statuera sur les motifs qui auront amené cette perte ; il prononcera l'excuse ou la faute des associés-directeurs. S'il y a faute, ils seront privés, pendant un certain temps, du brevet de capacité d'associé-directeur et devront se soumettre à un nouvel examen pour obtenir un nouveau brevet.

Les actes de reddition de comptes, de liquidation et de dissolution seront joints à l'acte de formation de l'association et remis au conseil d'administration, après avoir été signés par les associés-directeurs et le conseiller d'administration, qui aura présidé la réunion de reddition des comptes.

CONCLUSION.

Ainsi formées, les associations de divers corps d'état peuvent communiquer, s'associer entre elles pour un objet quelconque exigeant leur main-d'œuvre commune. Une maison tout entière pourrait être construite par des associations réunies, sur des plans et devis acceptés par elles. Les fournitures, les travaux de l'État, des villes et des grandes administrations peuvent être surtout entrepris par les associations à cause de leur livraison et de leur paiement déterminés et assurés.

Mais je le répète, c'est sur le système des *associations simples* que doivent se tenter d'abord les premiers essais des associations. Le point essentiel, c'est d'encourager les associations par des résultats heureux, faciles à apprécier et qui puissent développer eux-mêmes les moyens de l'association générale.

En supposant par exemple un corps d'état qui se serait constitué en association depuis 1832, voici les résultats approximatifs que l'association aurait pu atteindre ajourd'hui.

En prenant pour base et dans les conditions les moins heureuses : 5,000 associés gagnant de 1 fr. à 8 fr. par jour, n'ayant produit en moyenne qu'une journée de travail de 1 fr. 50 cent. pendant toute l'année, ou 547 fr. 50 cent. par chaque associé, à cause du chômage, des maladies, des pertes et frais d'administration :

On trouve un produit journalier de   7,500 fr.
       Id.   mensuel de..   225,000 »
       Id.   annuel de...   2,700,000 »

Soit un capital de 135,000 fr. de retenues à cinq pour cent sur le produit brut de l'année.

Soit en seize années un capital de.   2,160,000 fr. qui aurait été employé de la manière suivante :
Moitié pour la caisse d'association, soit 1,080,000 fr.
Trois huitièmes *id.*   de retraite *id.*   810,000 »
Un huitième   *id.*   de secours *id.*   270,000 »

                           2,160,000 fr.

Ainsi donc, aujourd'hui, la caisse d'association aurait à sa disposition, en supposant qu'elle n'ait fait ni pertes ni gains sur ses opérations, un capital de un million quatre-vingt mille francs, et serait capable de soumissionner des travaux ou des fournitures d'une grande importance.

La caisse de retraite aurait un capital de huit cent dix mille francs au moins, en supposant qu'aucun retraité, depuis seize ans, ne fût décédé et serait à même sur le cours de la rente au pair, de servir 202 retraites à 200 fr. chacune.

La caisse de secours aurait distribué 270,000 fr. Ces résultats sont les moindres qu'on puisse espérer pour les caisses de secours et de retraites. La caisse d'association aurait pu subir des pertes, comme obtenir des bénéfices qui modifieraient sa position sans compromettre celle des autres caisses.

On peut induire de là quels résultats une association peut obtenir en temps de paix, de commerce et de travail. Ces résultats seraient, à n'en pas douter, un attrait bien grand pour la classe ouvrière, un encouragement pour le travail et une espérance pour l'avenir. C'est dans cette position d'amélioration et de progrès que l'ouvrier appréciera le mieux, la solidarité qui existe entre lui et toutes les autres classes de la société. C'est ainsi qu'il sera intéressé lui-même à maintenir tout ce qui peut inspirer la confiance et à appeler au pouvoir les hommes qui lui offriront le plus de garanties pour la prospérité générale.

Le moyen d'association est donc le moyen le plus sûr d'intéresser les ouvriers à la conservation de la propriété, puisqu'ils deviennent eux-mêmes propriétaires; au maintien de l'ordre puisque leurs intérêts en dépendent; au maintien du gouvernement puisqu'ils puisent dans sa stabilité des ressources et des moyens de travail, et enfin au crédit public puisqu'ils deviennent eux-mêmes ses actionnaires en possédant dans le portefeuille des associations des bons du trésor et des inscriptions de rentes sur l'État.

Jusqu'alors la classe ouvrière a toujours été la portion de la nation appelée *le peuple*, la cause et l'instrument des révolutions; toujours en scène, avec le principal rôle, flatté et applaudi, mais n'ayant aucune part dans les bénéfices de la grande représentation qui se donnait à son profit.

Aujourd'hui, avec la conquête du suffrage universel, avec un gouvernement républicain, la révolution de 1848 peut convier la classe ouvrière à prendre sa part et la plus large part de ses bienfaits, en assurant son émancipation progressive par le développement des associations.

FIN.

Lagny. — Imprimerie de Giroux et Vialat.

www.ingramcontent.com/pod-product-compliance
Lightning Source LLC
Chambersburg PA
CBHW061132050726
47594CB00005B/2203